BEI GRIN MACHT SICH IHR WISSEN BEZAHLT

AF144614

- Wir veröffentlichen Ihre Hausarbeit,
  Bachelor- und Masterarbeit

- Ihr eigenes eBook und Buch -
  weltweit in allen wichtigen Shops

- Verdienen Sie an jedem Verkauf

Jetzt bei www.GRIN.com hochladen und kostenlos publizieren

Bibliografische Information der Deutschen Nationalbibliothek:

Die Deutsche Bibliothek verzeichnet diese Publikation in der Deutschen National-
bibliografie; detaillierte bibliografische Daten sind im Internet über http://dnb.d-
nb.de/ abrufbar.

Impressum:

Copyright © 2009 GRIN Verlag, Open Publishing GmbH
Druck und Bindung: Books on Demand GmbH, Norderstedt Germany
ISBN: 9783640550456

Dieses Buch bei GRIN:

http://www.grin.com/de/e-book/144778/globale-politiknetzwerke

Dennis Zagermann

Globale Politiknetzwerke

GRIN Verlag

GRIN - Your knowledge has value

Der GRIN Verlag publiziert seit 1998 wissenschaftliche Arbeiten von Studenten, Hochschullehrern und anderen Akademikern als eBook und gedrucktes Buch. Die Verlagswebsite www.grin.com ist die ideale Plattform zur Veröffentlichung von Hausarbeiten, Abschlussarbeiten, wissenschaftlichen Aufsätzen, Dissertationen und Fachbüchern.

Besuchen Sie uns im Internet:

http://www.grin.com/

http://www.facebook.com/grincom

http://www.twitter.com/grin_com

Universität Bielefeld

Fakultät für Soziologie

Studiengang B.A. Politikwissenschaft

Referatsausarbeitung zur Übung: Global Governance - Einführung

Sommersemester 2009

Globale Politiknetzwerke

Die Globalisierung stellt Staaten vor neue Aufgaben, denn während Unternehmen und zivilgesellschaftliche Akteure durch Liberalisierungsprozesse inzwischen global agieren, haben Staaten durch ihre territoriale Bindung dazu nicht die Möglichkeit. In der folgenden Ausarbeitung gehe ich auf die Grundzüge von globalen Politiknetzwerken ein. Meine Ausführungen sollen aufzeigen, inwiefern Staaten durch die Globalisierung beeinträchtigt werden und wie globale Politiknetzwerke als Instrument zur Gestaltung der Globalisierung aussehen können. Hierzu gehe ich zunächst auf den Begriff der Globalisierung ein und versuche ihn kurz zu skizzieren. Im weiteren Verlauf befasse ich mich mit dem Dilemma, das sich für die Souveränität von Staaten aus der Entstehung globaler Handlungsräume von Zivilgesellschaft und Privatwirtschaft ergibt und stelle dar, warum die Souveränität von Staaten auf unterschiedlichen Ebenen betrachtet werden muss und welche Ebene durch die Globalisierung betroffen ist. Im Anschluss stelle ich das Konzept der globalen Politiknetzwerke dar und werde die Kernfunktionen dieses trisektoralen Instruments sowie die Hürden eines solchen Ansatzes beschreiben. Im Anschluss daran folgt ein Fazit meiner Ausführungen.

Globalisierung – Schaffung einer globalen ökonomischen Geographie

Globalisierung, so Reinicke und Witte ist das „buzzword of the decade" (Reinicke/Witte 1999: 399), dessen größtes Manko es sei, dass es kein einheitliches Verständnis für diesen Begriff gebe. Für sie geht die Definition der Interdependenz nicht weit genug. Aus ihrer Sicht ist Globalisierung vor allem durch die Aktivitäten privater Akteure gekennzeichnet (vgl. Reinicke/Witte 1999: 340).

Als treibende Kräfte hinter der Globalisierung ist zunächst die ökonomische und politische Liberalisierung der letzten Jahrzehnte zu nennen. Durch die wirtschaftliche Öffnung wurde aus den nationalen Märkten ein neuer globaler Wirtschaftsraum geschaffen, der sich in seiner Geographie von dem politischen Handlungsraum der Nationalstaaten unterscheidet, bzw. viele politische Räume überschneidet (vgl. Reinicke/Witte 1999: 343). Es bilden sich eigene institutionelle Strukturen. Globalisierungsprozesse, strukturiert von privaten Akteuren, aus denen transnationale Akteure werden, sind weitestgehend unabhängig von traditionellen zwischenstaatlichen Wirtschaftsbeziehungen (vgl. Reinicke/Witte 1999: 343). Gleichzeitig sorgte die politische Liberalisierung zur Herausbildung von internationalen Organisationen, die eine globale Zivilgesellschaft repräsentieren (vgl. Reinicke/Deng 2003: 1). Der technische Fortschritt ist eine weitere treibende Kraft, die den globalen Informationsfluss zu einem Grad in seiner Geschwindigkeit unterstützen, dass es öffentlichen Einrichtungen kaum möglich ist, dies zu überblicken (vgl. Reinicke/Deng 2003: 2). Es kommt zu einer zunehmenden sozialen, ökonomischen und kulturellen Verflechtung der Welt, deren nachhaltige Gestaltung die zentrale Herausforderung des Regierens im 21. Jahrhundert ist.

Souveränitätsdilemma der Nationalstaaten

Vielfach wird argumentiert, dass die Globalisierung die Souveränität von Nationalstaaten einschränken und dadurch die Stellung der Nationalstaaten im internationalen System relativieren würde (vgl. Reinicke/Witte 1999: 341). Dass globale Unternehmen jedoch die Staaten in ihrer Funktion ablösen und Nationalstaaten bestenfalls auf privatwirtschaftliches Verhalten reagieren können, bleibt zu bezweifeln (vgl. Reinicke/Witte 1999: 343). Vielmehr werden Staaten vor neue Herausforderungen im Bereich des Inneren gestellt. Ihre Souveränität hat zwei Dimensionen: eine externe und eine interne (vgl. Reinicke/Witte 1999: 344).

Die externe Souveränität ist gleichbedeutend mit der völkerrechtlichen Souveränität eines Staates, die einen Staat als unabhängige Einheit versteht und nur von Strukturen innerhalb dieses Staates gelenkt werden kann. Die Globalisierung hat bisher nichts an dieser Form der Souveränität verändert (vgl. Reinicke/Witte 1999: 344f). Mit interner Souveränität wird, nach dem Verständnis von Max Weber, die Beziehung zwischen Staat und Gesellschaft bezeichnet. Durch die Globalisierung und die neue ökonomische Geographie, zeigt sich eine Veränderung in der Stellung des Staates als höchste Autorität im in seinem Staatsgebiet. Hier gilt es jedoch zu unterscheiden. Insbesondere im Bezug auf die interne Souveränität macht eine Aufteilung in formale („normative") Souveränität,

4

also die gesetzlich festgelegte Autorität eines Staates, und operationale („factual")
Souveränität, welche die tatsächliche Autorität, also die Reichweite der staatlichen
Beschlüsse, beschreibt (vgl. Reinicke/Witte 1999: 345f). Eine Einschränkung der
internen formalen Souveränität würde, wie eine eingeschränkte externe
Selbstständigkeit, zu Auflösungserscheinungen des Staates in seiner rechtlichen
Unabhängigkeit führen. Dies ist jedoch nicht zu beobachten (vgl. Reinicke/Witte
1999: 346).

Die interne operationale Souveränität wird durch drei verschiedene Dimensionen
eingeschränkt. Auch wenn die Effekte des technischen Fortschritts auf jeder Ebene
des Regierens zu spüren sind, sind sie im globalen Bereich deutlich aufzuzeigen.
Die zunehmende globale wirtschaftliche und zivilgesellschaftliche Integration sorgt
für eine Veränderung in der geographischen Dimension des Regierens. Staaten
stehen öffentlichen Aufgaben entgegen, die über ihre territoriale Reichweite hinaus
angesiedelt sind, während ökonomische und zivilgesellschaftliche Netzwerke eine
globale Ausdehnung haben. Die Konsequenz aus der Territorialfalle der Staaten ist
eine beachtliche Informationsasymmetrie zwischen den Sektoren (vgl.
Reinicke/Deng 2003: 16)
    In der globalisierten Welt operieren Märkte und Medien rund um die Uhr.
Diese zeitliche Dimension ist zu einem kritischen Moment des Regierens
geworden. Den Entscheidungsträgern in bürokratischen Strukturen, denen oftmals
das notwendige Informationen und Wissen fehlt, bleibt immer weniger Zeit sich
über das Policy-Problem zu informierten. Nachhaltige, generationsübergreifende
Entscheidungen zu treffen wird dadurch erheblich erschwert (vgl. Reinicke/Deng
2003: 17). Eine weitere Einschränkung erfahren Entscheidungsträger durch die
Dimension der Komplexität der Policy-Probleme. Oftmals laufen sie quer zu
bürokratischen oder fachspezifischen Einteilungen und haben schwerwiegende
Folgewirkungen für andere Policy-Bereiche, wie Ökonomie, Ökologie, Sicherheit,
Soziales etc. Auch die Komplexität erschwert es Entscheidungsträgern nachhaltige
Entscheidungen zu treffen (vgl. Reinicke/Deng 2003: 19f)

Klassischen intergouvernmentalen Arrangements fehlt es also oftmals an der Reichweite, der Wissensgrundlage und der Geschwindigkeit um Entscheidungen zu treffen, die sowohl effektiv als auch nachhaltig sind. Zu diesem operationalen Dilemma kommt gleichzeitig ein Partizipationsdilemma, da bisherige Institutionen, global agierende wirtschaftliche und zivilgesellschaftliche Akteure ausblenden. Anders als oftmals argumentiert, sehen Reinicke und Deng dies jedoch nicht als Ende der Politik (vgl. Reinicke/Denk 2003: 24f).

Bisherige staatliche Reaktionen

Bisherige Strategien die ökonomische und politische Geographie wieder aneinander zu koppeln und so dem Verlust der internen operationellen Souveränität entgegenzuwirken, lassen sich in zwei Gruppen einteilen: Defensive und offensive Intervention durch die Staaten (vgl. Reinicke/Witte 1999: 352). Offensive Interventionen wie Deregulierungen oder Subventionen sind in westlichen Industrienationen stärker verbreitet und sollen zu einer größeren Teilhabe an der Internationalisierung der Weltwirtschaft führen. Durch sie agieren Staaten als globale Konkurrenten, die den Unternehmen die besten Rahmenbedingungen bieten wollen (vgl. Reinicke 1998: 78). Defensive Interventionen hingegen, bewirken durch Protektionismus und re-regulativen Maßnahmen das Gegenteil. Ihr Versuch, die Akteure wieder in einen nationalen Rahmen zurückzuführen bedarf jedoch einer Umkehrung der Globalisierung. Diese Fähigkeit ist jedoch nur in eingeschränkter Form vorhanden (vgl. Reinicke 1998: 76f).

Auch wenn offensive Strategien in den letzten zwanzig Jahren durchaus großen Anklang gefunden haben, so zeigt sich jedoch, dass auch diese Strategien, wie die defensive Form des Umgangs mit der anhaltenden Globalisierung, nur in Einzelfällen nutzbar ist. Deutlich zeigt sich, dass beide Ansätze in der Regel große Kosten und Konflikte verursachen. Ihr Ziel, eine Rückkoppelung von politischer und ökonomischer Geographie, erreichen sie jedoch nicht (vgl. Reinicke/Witte 1999: 352f). Wolfgang Reinicke und Jan-Martin Witte argumentieren aus diesen

Überlegungen heraus, dass reine nationalstaatliche Ansätze in ehemals innenpolitischen, heute aber globalisierten Politikfeldern keine Lösungen liefern können (vgl. Reinicke/Witte 1999: 353). Vielmehr wird ein neuer Ansatz benötigt, der sowohl öffentliche und ökomische, als auch zivilgesellschaftliche Akteure zusammenbringt um Gemeinsam zu einer nachhaltigen Gestaltung der Globalisierung zu kommen.

Globale Politiknetzwerke und ihre Kernfunktionen

Globale Politiknetzwerke sind eine Alternative zu den bisherigen Lösungsansätzen der Staaten um mit den Folgen der Globalisierung umzugehen. Im Gegensatz zur Abschottung, sowie Deregulierung und Subventionierung, versuchen Sie durch die Zusammenführung von öffentlichen, zivilgesellschaftlichen und privaten Akteuren die Beschaffenheit der Globalisierung zu nutzen und gleichzeitig zu einer nachhaltigen Gestaltung zu kommen (vgl. Reinicke 2001: 43). Durch die Verbindung der drei Sektoren bilden sie eine Brücke zwischen Nationalstaaten, Zivilgesellschaft und Wirtschaft. Nationalstaaten setzen sich in globalen Politiknetzwerken sowohl mit ökonomischen und zivilgesellschaftlichen Akteuren zusammen. Schuf die Globalisierung zunächst eine Informationsasymmetrie, so ermöglicht ein globales Politiknetzwerk die Schließung dieser unterschiedlichen Informationsstände (vgl. Reinicke 2001: 43f). Durch das Zusammenführen von Informationen ist es dieser Form der Zusammenarbeit möglich, transnationale Probleme zu bearbeiten, zu denen die einzelnen Gruppierungen alleine nicht in der Lage wären (vgl. Reinicke 2001: 44). Gleichzeitig kommt es durch das gemeinsame Finden von Regeln zu einer nachhaltigen Gestaltung der Globalisierung. Durch ihre niedrige Organisationsstruktur bilden diese Netzwerke ein dynamisches Instrument mit einem flexiblen und ergebnisoffenen Rahmen, das sich politikfeldspezifisch zusammensetzt. Eine feste Mitgliedschaft besteht nicht. Jederzeit können neue Mitglieder aufgenommen oder bisherige Mitglieder aus dem Netzwerk entlassen werden. Einen Versuch, korporatistische Modelle auf die globalisierte Welt zu übertragen, stellen sie nicht dar. Sie sind durch ihre niedrige Organisationsstruktur lernfähig und in der Lage, schnell auf veränderte

Rahmenbedingungen oder andere Netzwerke zu reagieren (vgl. Reinicke 2001: 44). Gerade die Unterschiedlichkeit der Akteure und dessen Spannungspotenzial macht ihre Stärke aus.

Ein Regieren ohne Regierung ist nicht zu befürchten. Nationalstaaten spielen weiterhin eine zentrale Rolle. Sie können durch die Kooperation die abhanden gekommene interne operationale Handlungsfähigkeit zurückgewinnen, da sie Regeln nicht einfach entscheiden, sondern sie gemeinsam mit den anderen Akteuren finden. Ein Entgegenwirken der privaten Akteure gegen Regulierungen soll so vermieden werden. Dafür müssen Nationalstaaten jedoch durchaus neue Rollen einnehmen und kooperieren lernen.

Globale Politiknetzwerke verfügen über Kernfunktionen, die ihre Arbeitsgrundlage bilden. Die fünf Kernfunktionen a) „agenda-setting", b) die Verhandlung globaler Standards, c) Wissenssammlung und Verbreitung, d) Vertiefung von Märkten und die Korrektur von Marktversagen, sowie e) Implementationshilfe für bestehende Abkommen, sind als Produkte der Politiknetzwerke zu versehen. Ein Politiknetzwerk muss dabei nicht auf eine Kernfunktion beschränkt sein, sondern kann durchaus mehr Kernfunktionen umfassen (vgl. Reinicke/Deng 2003: 27).

Eine der Kernfunktionen von globalen Politiknetzwerken ist das „agenda-setting". Auch wenn alle Netzwerke zu einem gewissen Grad versuchen, ihre Themen im Dialog auf die globale Agenda zu setzen. Nichtsdestotrotz gibt es Globale Netzwerke, deren primäre Aufgabe darin besteht, Staaten und internationale Organisationen zur Bearbeitung gewisser Policy-Probleme zu bewegen (vgl. Reinicke/Deng 2003: 31). „Transnational Advocacy Networks", wie sie von Margaret Keck und Kathryn Sikkink genannt wurden, formen sich dabei zumeist aus zivilgesellschaftlichen Akteuren und Staaten, die sich im Diskurs mit intergouvernmentalen Organisationen, Staaten und der Wirtschaft für die Umsetzung gewisser Maßnahmen einsetzen (vgl. Reinicke/Deng 2003: 32f). Dabei nutzen „transational advocacy networks" insbesondere gezielte Medien-kampagnen.

Die Verhandlung globaler Standards ist eine weitere Kernfunktion globaler Politiknetzwerke. Dies gewinnt in Zeiten der politischen und ökonomischen Liberalisierung zunehmend an Bedeutung, da die neuen transnationalen sozialen und ökonomischen Räume Globale Rahmenbedingungen benötigen (vgl. Reinicke/Deng 2003: 36). Diese Kernfunktion unterscheidet sich in der Notwendigkeit, alle relevanten Akteure eines Politikbereichs einzubinden, von der Kernfunktion des „agenda-settings", welches auch in einem Netzwerk, welches nur zwei anstatt drei Sektoren miteinander verbindet, umsetzbar ist. Netzwerke zur Setzung Globaler Standards entstehen insbesondere in Krisenzeiten, in denen Akteure realisieren, dass die komplexen globalen Probleme nicht alleine zu lösen sind (vgl. Reinicke/Deng 2003: 36).

Angetrieben durch die Revolution der Informationstechnologie, bilden sich spezielle Netzwerke zur Sammlung und Verbreitung von Wissen. Sie ermöglichen es Akteuren aus unterschiedlichen Bereichen, die ähnliche Probleme zu bewältigen haben, gemeinsam notwendiges Wissen zu schaffen (vgl. Reinicke/Deng 2003: 47). Für eine möglichst große Effektivität dieser Netzwerke, bedarf es Akteure mit unterschiedlichen Hintergründen, die gewillt sind, Informationen auszutauschen. Netzwerke bilden sich ebenfalls zur Vertiefung von Märkten, sowie der Korrektur von Marktversagen. Marktmechanismen nicht immer in der Lage sind Güter von öffentlichem Interesse in ausreichender Menge zu produzieren. Auf Grund dessen bilden sich globale Politiknetzwerke um diese Versorgungslücken zu schließen. Dies geschieht unter Anderem im Bereich der Bekämpfung von Malaria. Hier bildete sich das Netzwerk „Medicines for Malaria Venture", welches Finanzmittel für eine schnellere Entwicklung und Verteilung von Impfstoffen gegen Malaria bereitstellt (vgl. Reinicke/Deng 2003: 52). Eine weitere Kernfunktion der globalen Politiknetzwerke ist die Implementationshilfe für bestehende Abkommen. Insbesondere intergouvernmentale Verträge fungieren als des Öfteren als „Papiertiger". Die Erweiterung von Verträgen zwischen Regierungen zu multisektorale Netzwerken ermöglichen eine effektive Implementation solcher Verträge (vgl. Reinicke/Deng 2003: 57f).

Globale, multisektorale Politiknetzwerke produzieren, abseits ihrer Kernfunktionen, gleichzeitig weitere Vorteile für Politikprozesse in der globalisierten Welt. Ihr multisektoraler Charakter sorgt für ein besseres Bewusstsein, welche Themen von größerem öffentlichen Interesse sind und suchen gleichzeitig nach der effizientesten, effektivsten und am meisten Akteure mitnehmenden Methode, diesen Themen entgegen zutreten (vgl. Reinicke/Deng 2003: 61f). Durch ihre Eigenschaft, einen transnationalen, multisektoralen Dialog anzustoßen, bringen sie Akteure zusammen, die zuvor vornehmlich gegeneinander arbeiteten. So bildet sich globales soziales Kapital, welches auf lange Sicht zu einer größeren Vertrauensbasis über Staats- und Sektorgrenzen hinweg führt und Akteuren neue Lernmöglichkeiten bietet (vgl. Reinicke/Deng 2003: 62). Diese Funktionen globaler Politiknetzwerke sind mitunter schwer zu messen, in ihrer Wichtigkeit jedoch nicht zu unterschätzen.

Hürden

Der Bildung eines globalen Politiknetzwerks stehen natürlich auch Hindernisse im Weg. Der private Sektor wird Einwände gegen die Pflicht zur Offenlegung haben, die mit der Regulierungsverantwortung einhergeht, und sie zunächst als unerwünschte Einmischung auffassen (vgl. Reinicke/Witte 1999: 360). Auch die Kosten für eine notwendige interne Umstrukturierung und Anpassung könnten zunächst abschreckend wirken. Dem stehen jedoch die hohen Kosten gegenüber, die auch Unternehmen für eine defensive Strategie der Staaten zu tragen hätten (vgl. Reinicke/Witte 1999: 360). Nicht-Regierungsorganisationen werden das Maß, in dem Regulierungsverantwortung an Unternehmen abgetreten wird, bedenklich finden und ein Defizit an Mitbestimmung durch den Staat beanstanden (vgl. Reinicke/Witte 1999: 360). Hier entgegnen Wolfgang Reinicke und Jan-Martin Witte, dass es durch die Globalisierung bereits zu einer Einschränkung der internen operationellen Souveränität gekommen ist. Auch aus dem öffentlichen Sektor ist zu einem gewissen Grad Zurückhaltung zu erwarten, da Staaten zunehmend vorsichtig reagieren, sobald es zu Regulierungen außerhalb ihrer Handlungsreichweite kommt. Auch hier kann entgegnet werden, dass es bereits zu einem Souveränitätsverlust gekommen ist.

Eine größere Hürde ist die Frage der Legitimität der globalen Politiknetzwerke. Das demokratische Prinzip der Repräsentation ist in diesem Rahmen nicht zu realisieren, da eine Abgabe von formaler Souveränität der Staaten notwendig wäre (vgl. Reinicke/Witte 1999: 360). Partizipation statt Repräsentation scheint in diesem Fall umsetzbarer zu sein. Es stellt sich jedoch die Frage, welche zivilgesellschaftlichen und privaten Akteure in dem globalen Politiknetzwerk partizipieren dürfen und anhand welcher Kriterien sie ausgewählt werden (vgl. Reinicke/Witte 1999: 360f).

Fazit

In der Debatte um die Gestaltung der Globalisierung zeigten sich bisher zwei Wege auf: Einerseits wird argumentiert, dass private und zivilgesellschaftliche Akteure einen beachtlichen Bedeutungsgewinn erfahren und das staatliche Politikmonopol dadurch aufweichen würde (vgl. Reinicke/Witte 1999: 361). Durch meine Ausführungen zum Souveränitätsdilemma wird jedoch deutlich, dass sowohl die externe, als auch die interne formale Souveränität weiterhin Bestand haben, während die Reichweite der politischen Entscheidungen des Staates zur Disposition steht. In dem zweiten Fall der bisherigen Diskussion zur Globalisierung wird dargelegt, dass neue transnationale Institutionen geschaffen werden müssten, um der Globalisierung nachhaltig zu entgegnen (vgl. Reinicke/Witte 1999: 361). Private und zivilgesellschaftliche Akteure werden dabei weitestgehend ausgeblendet. Ihrer Expertise und Bedeutung für die jeweiligen Politikbereiche wird dadurch nicht Rechnung getragen.

Globale Politiknetzwerke bilden eine Kombination aus beiden bisherigen Vorschlägen und erkennen sowohl die Expertise und Bedeutung der Zivilgesellschaft und der Ökonomie, als auch die Souveränität der Staaten an. Diese interne Souveränität, die, wie ich bereits aufzeigte, derzeit in einem Dilemma steckt, wird nicht in Frage gestellt, wohl aber ihre territoriale Begrenzung. Staaten bleiben wichtige Akteure, auch wenn sie mit anderen Akteuren kooperieren müssen (vgl. Reinicke/Witte 1999: 361f).

Diese Kooperation bietet nicht nur die Möglichkeit für den Staat an Souveränität zurück zu gewinnen, sondern auch Unternehmen und Nicht-Regierungsorganisationen durch die gemeinsame Regelnfindung in ihre gesellschaftliche Verantwortung zu nehmen, da die Verantwortung für die Globalisierungsgestaltung und Politikfeldregulierung nicht mehr nur bei den Nationalstaaten liegt. Die zivilgesellschaftlichen Akteure können dadurch ihre Expertise, aber auch ihre Forderungen direkt einbringen. Für Unternehmen eröffnet sich die Möglichkeit ebenfalls die eigenen Bedürfnisse in die Regelfindung einfließen zu lassen. Sie umgehen damit der bisherigen Situation sich Regulierungen beugen zu müssen, die auf Grund der Informationsasymmetrie nicht nachhaltig genug sind. Des Weiteren verhindern sie durch ihre Partizipation eine Kehrtwende der Staaten hin zu einer defensiven Strategie gegenüber der Globalisierung. Dies würde zu großen zusätzlichen Kosten in den Unternehmen führen.

Globale Politiknetzwerke bilden eine gute Methode um die Informationsasymmetrie zwischen den drei Sektoren zu überwinden. Den Hürden steht die Möglichkeit entgegen, Regelfindungen durch den Informationsaustausch nachhaltiger, informierten und wirkungsvoller zu gestalten; Globale Politiknetzwerke sind dadurch ein Instrument von Good Governance, welches zunehmend Anklang findet. „Globale Politiknetzwerke gelten vielen als Hoffnungsträger einer wirksameren Global Governance." (Dingwerth 2004: 75)

Literaturverzeichnis

Dingwerth, Klaus (2004): Effektivität und Legitimität globaler Politiknetzwerke. In: Brühl, Tanja/Feldt, Heid/Hamm, Brigitte/Hummel Hartwig/Martens Jens (Hrsg.): Unternehmen in der Weltpolitik. Politiknetzwerke, Unternehmensregeln und die Zukunft des Multilateralismus. Bonn: Dietz Verlag, 75-94.

Reinicke, Wolfgang H. (1998): Global Public Policy. Governing without Government? Washington, DC: Brookings Institution.

Reinicke, Wolfgang H./Witte, Jan Martin (1999): Globalisierung, Souveränität und internationale Ordnungspolitik. In: Busch A./Plümper T. (Hrsg.): Nationaler Staat und internationale Wirtschaft. Anmerkungen zum Thema Globalisierung. Baden-Baden: Nomos, 339-367.

Reinicke, Wolfgang H. (2001): Walking the Talk: Global Public Policy in Action. In: Gerrad, Christopher D./Ferroni, Marco/Mody, Ashoka (Hrsg.): Global Public Policy and Programs. Implications for Financing and Evaluation. World Bank Publications, 43-48.

Reinicke, Wolfgang H./Deng, Francis (2003): Critical Choices. The United Nations, Networks, and the Future Of Global Governance. Ottawa: International Development Research Center.

BEI GRIN MACHT SICH IHR WISSEN BEZAHLT

- Wir veröffentlichen Ihre Hausarbeit, Bachelor- und Masterarbeit

- Ihr eigenes eBook und Buch - weltweit in allen wichtigen Shops

- Verdienen Sie an jedem Verkauf

Jetzt bei www.GRIN.com hochladen und kostenlos publizieren